BEI GRIN MACHT SICH IHR
WISSEN BEZAHLT

- Wir veröffentlichen Ihre Hausarbeit,
  Bachelor- und Masterarbeit

- Ihr eigenes eBook und Buch -
  weltweit in allen wichtigen Shops

- Verdienen Sie an jedem Verkauf

Jetzt bei www.GRIN.com hochladen
und kostenlos publizieren

Bibliografische Information der Deutschen Nationalbibliothek:

Die Deutsche Bibliothek verzeichnet diese Publikation in der Deutschen National-
bibliografie; detaillierte bibliografische Daten sind im Internet über http://dnb.d-
nb.de/ abrufbar.

Impressum:

Copyright © 1996 GRIN Verlag, Open Publishing GmbH
Druck und Bindung: Books on Demand GmbH, Norderstedt Germany
ISBN: 9783640672059

Dieses Buch bei GRIN:

http://www.grin.com/de/e-book/154258/protokollsatzdebatte-zwischen-otto-
neurath-und-rudolf-carnap

Janus Zudnik

Protokollsatzdebatte zwischen Otto Neurath und Rudolf Carnap

Von der unvollständigen Verifikation zur Falsifikation

GRIN Verlag

GRIN - Your knowledge has value

Der GRIN Verlag publiziert seit 1998 wissenschaftliche Arbeiten von Studenten, Hochschullehrern und anderen Akademikern als eBook und gedrucktes Buch. Die Verlagswebsite www.grin.com ist die ideale Plattform zur Veröffentlichung von Hausarbeiten, Abschlussarbeiten, wissenschaftlichen Aufsätzen, Dissertationen und Fachbüchern.

Besuchen Sie uns im Internet:

http://www.grin.com/

http://www.facebook.com/grincom

http://www.twitter.com/grin_com

Übung: Einführung in die Geschichte der Erkenntnistheorie: Neopositivismus.

Sommersemester 1996

Thema: Protokollsatzdebatte zwischen Otto Neurath und Rudolf Carnap
von Janus Zudnik

Im Folgenden soll ein Aufsatz Rudolf Carnaps besprochen werden. Er ist die Antwort auf die Schrift seines, mit ihm nicht übereinstimmenden, Kollegen Otto Neurath bezüglich der wichtigen Protokollsatzdiskussion. Dieser schrieb sie als Reaktion auf die Ideen Carnaps, geäußert in einer früheren Darlegung über die physikalische Sprache, geschrieben.

1. Zur Vorgeschichte:

Der berühmte Wiener Kreis trat 1929 mit der Geburtsschrift „Wissenschaftliche Weltauffassung des Wiener Kreises" ans Licht der Öffentlichkeit. Seine Mitglieder stammten aus dem früheren, konventionalistisch eingestellten Wiener Kreis, dem u.a. der Mathematiker Hans Hahn und der Wiener Soziologe und Philosoph Otto Neurath angehörten, sowie aus dem Verein Ernst Mach. Der Kreis gruppierte sich um den Physiker Moritz Schlick, welcher mit seiner streng empirischen Einstellung an die Tradition von Ernst Mach, Ludwig Boltzmann u.a. anknüpfte.

Sie nannten sich Neopositivisten, oder logische Empiristen, unterschieden sich aber von dem empiristischen Ansatz John Lockes, welcher bei ihnen allerdings lobenden Erwähnung findet, v.a. durch das Fehlen des psychologisch - biologischen Momentes.

Es geht um die Beschreibung des intersubjektiv Erfassbaren, um die Formulierung einer neuen, nicht von Alltagsgebrauch oder den „Irrwegen der Metaphysik" belasteten Symbolsprache der Wissenschaften. Zu diesem Zweck wollen sie ein neues, vielversprechendes Werkzeug anwenden: die moderne, symbolische Logik, oder Logistik, wie sie u.a. von Gottlob Frege vorbereitet, von Whitehead und Russel (1910: „Principia mathematica") in ein zusammenhängendes System gebracht worden war. Daneben verfolgen sie mit Interesse alle Veröffentlichungen zur Logik und spekulieren über den noch ausstehenden, endgültigen Aufbau dieser ihnen so wichtigen Disziplin. Ludwig Wittgenstein nimmt in den Diskussionen, wie anderswo auch, ein Sonderstellung ein, ist sein „Tractatus logico - philosophicus" zwar eine Offenbarung für die Versammlung um Schlick, doch der scheue Philosoph selber ist nur selten zu Gast und stößt bei ihnen durch sein merkwürdiges Verhalten teilweise auf Unverständnis.

2. Zum Streitpunkt:

Es soll eine rein formallogische, analytische, mit Hilfe der Mathematik betriebene, Wissenschaftsmethode gefunden werden. Sie soll zu einem axiomatischen System analytisch wahrer Sätze führen, die ausschließlich auf Grund empirischer Untersuchungen gewonnen werden. Doch schon hier, am Anfang, scheiden sich die Geister. Denn wenn auf Erfahrung aufgebaute Wissenschaft betrieben werden soll, dann muß man gewisse Sätze, die der Empirie nahestehen, isolieren können. Es geht also um das Problem der sogenannten Protokollsätze, oder, allgemeiner formuliert, um das Problem der Wahrheitstheorien, d.h. um die Form der Übereinstimmung von Empirie und Theorie.

Mögliche Varianten der Wahrheitstheorien:

- Man kann diese als Tatsachenwahrheit oder Korrespondenztheorie bestimmen, wobei das Abbild und die Tatsache sich entsprechen, dieser Auffassung sind Moritz Schlick und Rudolf Carnap.

- Andererseits gibt es Wahrheit vielleicht nur als Richtigkeit innerhalb eines bestimmten Systems, in dem die verschiedenen Teile in Relation und Bestimmung zueinander stehen, d.h. als Satzwahrheit bzw. Kohärenztheorie, so sieht es der Wiener Otto Neurath und Karl Popper.

3. Zunächst eine Übersicht über den Text Otto Neuraths: „Protokollsätze"

Am Beginn beschreibt er das gewünschte Fortschreiten zur wissenschaftlichen Sprache. Im Alltag wird die sogenannte „historische Trivialsprache" verwendet Sie enthält eine Menge unpräziser Termini, welche er Ballungen nennt. Reinigt man diese von den metaphysischen Bestandteilen, hat man die „physikalische Trivialsprache gewonnen. Als Krönung gilt die „physikalische hochwissenschaftliche Sprache". Sie ist von vornherein metaphysikfrei angelegt, allerdings ist sie, bis jetzt wie er meint, nur für Teile von Wissenschaften vorhanden. Dabei geht er nicht so weit, von der Fiktion einer „idealen Sprache aus sauberen Atomsätzen" zureden, diese unterstellt er Carnap: *„Es gibt kein Mittel, um endgültig gesicherte saubere Protokollsätze zum Ausgangspunkt der Wissenschaften zu machen. [...] Wie Schiffer sind wir, die ihr Schiff auf offener See umbauen müssen, ohne es jemals in einen Dock zu zerlegen und aus besten Bestandteilen neu errichten zu können."*[1] Vielmehr muß eine Abhandlung, die das gesamte Gebiet der Einheitswissenschaft streift, einen „Slang" aus alltäglicher und wissenschaftlicher Sprache beherrschen, d.h. sie besteht, abgesehen von Tautologien (z.b. in der Mathematik) aus Protokollsätzen und Nichtprotokollsätzen. Eine streng wissenschaftliche Lehre muß außerdem, wenigstens in ihren Grundzügen, auch für den Laien verständlich sein, und dazu schreibt er mit einem Seitenhieb auf Zeitgenossen: *„Einstein ist mit den Mitteln der Bantusprache irgendwie ausdrückbar, aber nicht Heidegger, es sei denn, das man an das Deutsche angepaßte Mißbräuche einführt"*[2].

Was er jetzt im Einzelnen an des Norddeutschen bedeutsamen antimetaphysischen Ausführungen kritisiert, ist der Gedanke einer „ersten Sprache", auch Erlebnis- oder phänomenale Sprache genannt, derer man sich beim Aufstellen der Protokollsätze bedient. Diese wären ursprünglich und „bedürften keiner Bewährung", wie der Wiener Carnap zitiert, und könnten dadurch die Jugend, bei der Suche danach, verführen, wiederum metaphysische Dogmen zu postulieren. Alles muß der Verifikation zugänglich sein, so an erster Stelle das verifizierende Medium selbst: *„Wenn man auch die Metaphysik nicht durch Argumente wesentlich zurückdrängen kann, so ist es doch um der Schwankenden willen wichtig, den Physikalismus in seiner radikalsten Fassung zu vertreten"*[3]. Richtige Protokollsätze müssen deshalb auch den Namen einer Person (des Beobachters) beinhalten. Das ist schon deswegen notwendig, kommt man ja mitunter in die Lage, „Unwahrheiten" abtrennen zu müssen, oder „Wirklichkeitstermini" von „Halluzinations-„ oder „Traumtermini" zu scheiden.

---

[1] Otto Neurath, Protokollsätze. In: Logischer Empirismus - der Wiener Kreis, ed. Hubert Schleichert, München 1975, S. 72
[2] ebd. S.71
[3] ebd. S.73

Wichtiger noch, die Protokollsätze können sich im Laufe des Wissenserwerbs als falsch oder überflüssig herausstellen und müssen dann gestrichen oder abgeändert werden. Wie soll das ohne eine Bewährungsprobe möglich sein? Mit dieser vielleicht zu simplen Sicht der Ideen Carnaps, wie man vorwegnehmen kann, schreibt er also: *„Nach Carnap könnte man nur Nichtprotokollsätze und Gesetze abzuändern gezwungen sein. Für uns kommt ebenso die Streichung von Protokollsätzen in Frage. Ein Satz wird dadurch definiert [!], daß er der Bewährung bedarf, also auch gestrichen werden darf"*[4].

Warum dieser angebliche Denkfehler entstanden ist, bemüht sich der Referent im nächsten Absatz darzustellen. Die keiner Bewährung bedürfenden Protokollsätze klingen ihm wie die „unmittelbaren Erlebnisse" der traditionellen Schulphilosophie. Solche „Atomerlebnisse" stünden jenseits aller Kritik, das daraus gewonnene Protokoll entstünde getrennt von seiner weiteren wissenschaftlichen Verarbeitung. Ferner würde dadurch in unangemessener Weise das eigene „Ich" herausgestellt, für ihn ein weiteres Zeichen von nicht abgelegtem, idealistischen Ballast: *„Man kann im Universalslang ebensowenig vom eigenen Protokoll, wie von „jetzt" oder „hier" sinnvoll sprechen. Die Personennamen werden in der physikalischen Sprache eben durch Koordinaten und Zustandsgrößen ersetzt.[...] Es fällt die gesamte Problematik des „Eigenphysischen" und „Fremdphysischen" weg."*[5]

Zusammenfassend wird abschließend noch einmal das wesentlichste Ziel ausgedrückt: *Es ist die Aufgabe,: „die so oft vernachlässigten „Querverbindungen" zwischen den Einheitswissenschaften zu schaffen, so daß man die Termini jeder Wissenschaft auf die Termini jeder anderen mühelos beziehen kann. Das Wort „Mensch", das mit „Aussagen machen" verbunden wird, ist ebenso zu definieren, wie das Wort „Mensch", das in Sätzen vorkommt, die Worte wie „Wirtschaftsordnung", „Produktion" enthalten."*[6]

Man kann annehmen, daß für Neurath die selbstverständliche Interpretation der Naturerscheinungen, wie sie von dem Philosophen Carnap rein in der Theorie gedacht worden war, als nicht zureichend erschienen sein mag. Wußte er als ehemaliger Naturwissenschaftler doch wahrscheinlich aus eigener leidvoller Erfahrung, wie schwierig es ist, aus anscheinend so einfachen Vorgängen, doch in Wirklichkeit aus meist nur ungenügendem, abstrakten Datenmaterial, richtige, intersubjektive Schlüsse zu ziehen.

---

[4] ebd. S.76
[5] ebd. S.77f

Für die weiteren Darlegungen unerheblich, aber der Vollständigkeit halber seien noch kommentarlos zwei Sätze über Ludwig Wittgenstein erwähnt: *„Ungemein belebend wirkte Wittgenstein in dem, was man von ihm annahm, wie in dem, was man ablehnte. Sein erster Versuch, die Philosophie als notwendige Erläuterungsleiter zu verwenden, kann als gescheitert gelten. ..."*[7]

4. Rudolf Carnap: „Über Protokollsätze"

Schauen wir nun, was Rudolf Carnap mit diesen „keiner Bewährung benötigenden Protokollsätzen" gemeint hat, und wie er die Richtigstellungen des Wieners zu einer fruchtbaren Weiterführung und Vertiefung der angestrebten Methoden, unter Einbezug der Ideen Karl Poppers sowie der seinigen, entwickelt.

In den einleitenden Bemerkungen stellt Carnap noch einmal heraus, daß die Frage nach den Protokollsätzen in der Tat essentiell ist, bildet sie schließlich das Hauptproblem der Erkenntnistheorie, und ist weiters genau der Ansatzpunkt, an dem Kritik gegen den Physikalismus am leichtesten Fuß fassen kann. Danach versichert er, die vom geschätzten Kollegen vertretene Methode sie nicht kontradiktorisch zu der seinigen zu verstehen, sondern als Alternative, mit Vor- und Nachteilen auf beiden Seiten: *„Die erste Sprachform gewährt größere Freiheit; an sie hatte ich in meinem früheren Aufsatz gedacht. Die zweite Sprachform hat den Vorzug einer größeren Einheitlichkeit des Systems. Wie es scheint, ist Neurath der erste, der die Möglichkeit dieses zweiten Verfahrens erkannt hat, das für die Weiterentwicklung der Wissenschaftslehre von entscheidender Bedeutung sein wird."*[8] Im Weiteren will er die beiden Formen jeweils getrennt an Hand von Beispielen darlegen.

Die erste Sprachform. Protokollsätze außerhalb der Systemsprache:

Zunächst werden wir in ein einfaches Gedankenexperiment entführt. Ein Apparat reagiert auf bestimmte Bedienungen mit verschiedenen Signalen. Genauso könnte es auch ein Organismus, oder Mensch sein, welcher verschiedene Bedienungen mit einer Reihe von Lauten zu bezeichnen weiß. Mögen sie einige Verben und ihnen zugeordnete Adverbien sein.

---

[6] ebd. S.79
[7] ebd. S.80

Diese, wie auch die Signale, können mit der Empirie verglichen werden, sodass man weiß, welchen Zustand die Symbole jeweils ausdrücken. Sie sind schon Protokollsätze. Nun erstellt man Übersetzungsregeln, um die Bedeutung der Symbole in der Systemsprache auszudrücken. Weiters kann man auch noch nicht beobachtete Zustände durch Neukombination der bekannten „Wörter" bezeichnen: *„Die Signale des Apparates und die Aussagen des Menschen werden dadurch, daß für sie Übersetzungsregeln aufgestellt werden, wie Sätze einer Sprache behandelt. Wir nennen sie daher „Protokollsätze" der „Protokollsprache" des Apparates bzw. des fremden Menschen und stellen diese Sprache unserer „Systemsprache" gegenüber. Als Protokollsatz gilt somit jeder beobachtbare Vorgang für den man eine Übersetzungsregel aufgestellt hat. Wenn für die verschiedenen Apparate oder Menschen verschiedene Regelsysteme gelten, so sagen wir: sie haben verschiedene Protokollsprachen. Man kann eine solche Sprache dann „intersubjektiv" nennen, wenn ihre Sätze bei mindestens zwei Körpern als Reaktion aufeinander auftreten; andernfalls „subjektiv" oder „monologisch" (Man kann natürlich auch so vorgehen, daß man nicht die Signale selbst übersetzt, sondern nur die Sätze über das Auftreten der Signale verwendet, z.B. „der Apparat zeigt jetzt „1", der Mensch sagt jetzt „re". In dieser Weise wird man in der zweiten Sprachform verfahren...)"[9]* Die Übersetzungsregeln führen zunächst zu Sätzen, die sich auf Dinge in der Umgebung des betreffenden Menschen beziehen. Carnap nennt sie D- Sätze. Da diese nicht sehr zuverlässig sind (vgl. Lüge, Traum, Halluzination usw.), stellt er ihnen die K- Sätze zur Seite, welche sich auf den jeweiligen Zustand des Körpers K des betreffenden Menschen beziehen. Während ein typischer D- Satz „Es regnet" ist, lautet er in der zweiten Form: „Der Körper K ist Regen- wahrnehmend". Vom letzteren wird dann der Schluß von der Wirkung auf eine wahrscheinliche Ursache gezogen. Welchem Verfahren man sich bedient, hängt von den Umständen ab: *„Die D- Übersetzung ist die übliche und für das praktische Leben zweckmäßigere, da es uns gewöhnlich darauf ankommt, etwas über die Umgebung des K zu erfahren. Die K- Übersetzung ist die zuverlässigere; sie wird vorgenommen, wenn es uns hauptsächlich auf die Sicherheit ankommt, z.B. bei kritischer Nachprüfung."[10]*

Nun kann es schon vorkommen, daß der Apparat oder Mensch zwei einander widersprechende Aussagen macht. In so einem Falle müssen die Übersetzungsregeln geändert, oder aber ergänzt werden. Erweist sich ein Satz, der durch Übersetzung eines

---

[8] Rudolf Carnap, Über Protokollsätze. In: Logischer Empirismus, ed. Schleichert, S.81
[9] ebd. S.83f

Protokollsatzes entstanden ist als unvereinbar mit den anderen, müssen entweder diese, oder wie vorhin die Regeln so umgeändert werden, daß erneut ein widerspruchloses System gegeben ist: *„Die Protokollsätze bleiben bei dem beschriebenen Verfahren unangetastet. Es ist ein Frage der Festsetzung, ob man anstelle dieses Verfahrens ein anderes wählen will, bei dem im Falle der Unvereinbarkeit unter Umständen auch der betreffende Protokollsatz als „falsch" erklärt und gestrichen werden kann. "*[11]

Und zum Vorwurf, er gehe zu nachlässig mit der Form „ich" um, schreibt er: *„Gewiß wird in der Philosophie mit dem „ich" viel Unfug getrieben. In unseren nicht- metaphysischen Diskussionen sind aber diese Ausdrücke doch nichts weiter als Abkürzungen. [...] Daher scheint mir ihre Verwerfung unnötig; es genügt die Forderung, daß jeder, der solche Ausdrücke verwendet, in jedem Fall ihre Übersetzung angeben kann. "*[12]

Nachdem er die erste, von ihm vorgeschlagene Sprachform nochmals erklärt hat, geht er zur Darstellung der zweiten über, in welcher die Protokollsätze als konkrete Sätze innerhalb der Systemsprache behandelt werden. Allerdings deckt sie sich nicht in allen Punkten mit den Vorschlägen Neuraths, sondern stellt eher eine Weiterentwicklung der Protokollsatzdiskussion dar.

2. Zweite Sprachform: Protokollsätze innerhalb der Systemsprache.

Für diese Art erweitert Carnap das frühere Beispiel folgendermaßen: Wenn man die Signale des Apparates so umändert, daß dieser z.B. anstatt des Symbols „1" unmittelbar „es regnet" zeigt, spart man sich die Übersetzung. Außer der Andeutung, dieses Verfahren sei ziemlich aufwendig und nicht überall anwendbar, schließt er den Absatz mit der Feststellung, auf solche Weise wäre eine einheitliche Systemsprache allerdings gewährleistet. In dieser befinden sich ja nun auch die Protokollsätze, was zu einer weiteren Aufgabenstellung führt: *„Während bei der ersten Sprachform die Formen gewisser vorgefundener spontaner Reaktionen zu Protokollsätzen erklärt werden, werden bei der zweiten Sprachform gewisse konkrete Sätze der Systemsprache als Protokollsätze genommen,..[...] Die Frage lautet nun: welche konkreten Sätze sind Protokollsätze?"*[13]

---

[10] ebd. S.85
[11] ebd. S.86
[12] ebd. S.88
[13] ebd. S.89

Es gibt zwei mögliche Wege, diese Frage zu beantworten. Entweder man führt bestimmte Bedienungen ein, unter welchen konkrete Sätze als Protokollsätze behandelt werden dürfen. Dies sei die Weise Otto Neuraths, nämlich nur solche zu nehmen, in denen der Name des Protokollierenden und ein Ausdruck wie „wahrnehmen", „sehen", usw. vorkommen. Dem gegenüber besteht die Möglichkeit, jeden konkreten Satz unter gewissen Umständen als Protokollsatz zu bestimmen. Auf dieses Verfahren, welches Carnap von Karl Popper übernimmt und das ihm zweckmäßiger vorkommt, richtet er sein Hauptaugenmerk.

Was sind nun die Umstände, die einen Protokollsatz von der zweiten Art der zweiten Sprachform erlauben? So werden aus einem Gesetz G (ein allgemeiner Satz der Systemsprache) durch Einsetzen von Werten in die Variablen zunächst konkrete Sätze abgeleitet, aus welchen man wiederum weitere ableitet usw. Irgendwann hat man genügend Sicherheit um stehenzubleiben: *„Dabei ist es Sache des Entschlusses, welche Sätze man jeweils als derartige Endpunkte der Zurückführung, also als Protokollsätze verwenden will. Sobald man will,- etwa wenn Zweifel auftreten oder wenn man die wissenschaftlichen Thesen sicherer zu fundieren wünscht - kann man die zunächst als Endpunkte genommenen Sätze ihrerseits wieder auf andere zurückführen und diese durch Beschluß zu Endpunkten erklären. [...] Man kann von jedem Satz aus noch weiter zurückgehen; es gibt keine absoluten Anfangssätze für den Aufbau der Wissenschaft."[14]*

---

[14] ebd. S.90

Damit ist der radikalste Ansatzpunkt der Wissenschaftstheorie geschaffen. Nichts kann mehr mit absoluter Sicherheit ausgesagt werden, es stellt die Überwindung aller Metaphysik dar, aber auch des wissenschaftlichen Programms des Wiener Kreises, ein Verfahren zur Bestimmung „letzter" Protokollsätze zu finden. Oder wie Carnap es ausdrückt: „*In allen bisherigen Erkenntnistheorie steckte ein bestimmter Absolutismus: in den realistischen einer der Objekte, in den idealistischen (einschließlich der Phänomenologie) der des „Gegebenen", der „Erlebnisse", der „unmittelbaren Phänomene". Auch im Positivismus findet sich ein Rest dieses idealistischen Absolutismus; in dem logischen Positivismus unseres Kreises [...] nimmt er die verfeinerte Form eines Absolutismus der Ursätze („Elementarsätze", „Atomsätze") an. Gegen diesen Absolutismus hat Neurath als erster sich mit Entschiedenheit gewendet, indem er die Unwiderruflichkeit der Protokollsätze ablehnt. Popper gelangt von anderen Ausgangspunkten noch einen Schritt weiter: bei seinem Nachprüfungsverfahren gibt es keine letzten Sätze; sein System stellt daher die radikale Überwindung jenes Absolutismus dar.*"[15]

In die Schulbücher ist dieser Schritt als Verlassen des Weges der „unvollständigen Verifikation" hin zu einem ständigen Versuch der Falsifikation der wissenschaftlichen Sätze und Modelle, eingegangen.

---

[15] ebd. S.94

9